গভীর ভাবে ঘুমাও, ছোট নেকড়ে

نَمْ جيداً، أيُها الذئبُ الصغيرْ

দুই ভাষায় একটি ছবির বই

Ulrich Renz · Barbara Brinkmann

গভীর ভাবে ঘুমাও, ছোট নেকড়ে

نَمْ جيداً، أيُها الذئبُ الصغيرْ

অনুবাদ:

Mohammad Abutaher (বাংলা)

Abdelaaziz Boussayer (আরবি)

sefa

অডিও এবং ভিডিও:

www.sefa-bilingual.com/bonus

বিনামূল্যে অ্যাক্সেস এর জন্য পাসওয়ার্ড:

বাংলা: **LWBN1123**

আরবি: **LWAR1027**

শুভরাত্রি,টিম! আমরা আগামীকাল অনুসন্ধান অব্যাহত রাখবো।
এখন গভীরভাবে ঘুমাও!

ليلة سعيدة يا تيم!
غداً سَنُتابعُ البحث. أما الآن فنمْ جيدا!

ইতিমধ্যে বাইরে অন্ধকার হয়ে গেছে।

لقد حلَّ الظلام.

টিম সেখানে কি করছে ?

ماذا يَفعلُ تيم هُناك؟

সে খেলার মাঠে যেতে বের হচ্ছে।
সে সেখানে কি খুঁজছে ?

إنه خارِجٌ إلى الملعب.
عَنْ ماذا يبحَثُ هُناك؟

ছোট নেকড়ে!
এটি ছাড়া সে ঘুমাতে পারেনা।

عَنْ الذئب الصغير!
لأنه لا يستطيع النومَ بدونه.

কে আসছে ?

مَنْ القَادِم؟

মেরি! সে তার বল খুঁজছে।

إنها ماري! تبحث عن كُرَتِها.

এবং টবি কি খুঁজছে ?

و عَنْ ماذا يَبحَثُ طوبي؟

তার খনক।

عن حَفَّارَتِهِ.

এবং নালা কি খুঁজছে ?

و عَنْ ماذا تَبحَثُ نالا؟

তার পুতুল।

عن دُميتِها.

শিশুদের কি ঘুমাতে যেতে হবেনা ?
বিড়ালটি খুব আশ্চর্য হয়েছে।

ألم يَحِنْ وقت نَومِ الأطفال؟
تَتَساءَلُ القطة بعجب.

chez Martin
7
vitrerie

এখন কে আসছে ?

مَن القَادِم الآن؟

টিমের মা এবং বাবা!

তারা তাদের টিম ছাড়া ঘুমাতে পারেনা।

أمُ تيم و أبوه!

فهم لا يَستَطِيعونَ النَّومَ بدونِ ابنِهما تيم.

তাদের মধ্যে আরো আসছে!
মেরির বাবা,টবির দাদা এবং নালার মা।

و هنالك المزيدُ قادمون!
أبُو ماري. جدُّ طوبي. و أمُ نالا.

এখন দ্রুত ঘুমাতে চল!

الآن أسرِعوا إلى النوم!

শুভরাত্রি টিম!

আমাদের আগামিকাল আর অনুসন্ধান করতে হবে না।

ليلة سعيدة يا تيم!

غداً لن يكونَ علينا البحثُ مجدداً.

গভীর ভাবে ঘুমাও,ছোট নেকড়ে!

نَمْ جيداً، أيُها الذئبُ الصغيرْ!

লেখক

উলরিচ রেঞ্জের জন্ম জার্মানির স্টুটগার্টে, ১৯৬০ সালে। প্যারিসে ফরাসি সাহিত্য অধ্যয়ন করার পর তিনি লুবেকের চিকিৎসা বিশ্ববিদ্যালয় থেকে স্নাতক পাশ করেন এবং বৈজ্ঞানিক প্রকাশনা কোম্পানির প্রধান হিসাবে কাজ করেন। তিনি এখন নন-ফিকশন বইয়ের পাশাপাশি শিশুদের কথাসাহিত্য বইয়ের লেখক।

www.ulrichrenz.de

বারবারা ব্রিঙ্কম্যান ১৯৬২ সালে মিউনিখে জন্মগ্রহণ করেন এবং ব্যাভ্যারিয়ান আল্পসের পাদদেশে বড় হন। তিনি মিউনিখে স্থাপত্য বিষয়ে পড়শুনা করেন এবং বর্তমানে মিউনিখের কারিগরি বিশ্ববিদ্যালয়ে স্থাপত্যবিদা বিভাগের গবেষণা সহযোগী। তিনি একজন ফ্রিল্যান্স গ্রাফিক ডিজাইনার, চিত্রকর এবং লেখক হিসাবে কাজ করেন।

www.bcbrinkmann.de

তুমি কি আঁকতে পছন্দ করো?

এখানে তুমি গল্পের সমস্ত ছবি রঙ করার জন্য খুঁজে পাবে।

www.sefa-bilingual.com/coloring

উপভোগ করুন!

বন্য রাজহাঁস

মূল রূপকথার গল্পটি রচিত হয়েছে হান্স ক্রিশ্চিয়ান অ্যান্ডারসন দ্বারা

► বয়স ৪-৫ এর উপরে

হান্স ক্রিশ্চিয়ান অ্যান্ডারসনের বন্য রাজহাঁস, বিশ্বের সবচেয়ে জনপ্রিয় রূপকথাগুলোর মধ্যে একটি। এটি নিরবচ্ছিন্নভাবে মানুষের নাটকীয় বিষয়গুলোঃ ভয়, বীরত্ব, প্রেম, বিশ্বাসঘাতকতা, বিচ্ছেদ, এবং পুনর্মিলনকে একসাথে আনে।

আপনার ভাষায় পাওয়া যায়?

► আমাদের „ভাষা জাদুকর“ দিয়ে দেখুন:

www.sefa-bilingual.com/languages

আমার সবচেয়ে সুন্দর স্বপ্ন

▶ বয়স ৩ এর উপরে

লুলুর ঘুম আসছে না। অন্য সবাই ইতিমধ্যে স্বপ্ন দেখছে – হাঙ্গর, হাতি, ছোট ইঁদুর, ড্রাগন, ক্যাঙ্গারু এবং সিংহ শাবক। এমনকি ভালুকেরও চোখ খোলা রাখতে কষ্ট হচ্ছে ...

আরে ভালুক, তুমি কি আমাকে তোমার স্বপ্নে নিয়ে যাবে?

এভাবে লুলুর একটি যাত্রা শুরু হয় যা তাকে তার ফুটফুটে খেলনার স্বপ্নে নিয়ে যায়- এবং অবশেষে তার নিজের সবচেয়ে সুন্দর স্বপ্নে।

আপনার ভাষায় পাওয়া যায়?

▶ আমাদের „ভাষা জাদুকর" দিয়ে দেখুন:

www.sefa-bilingual.com/languages

www.sefa-verlag.de

IT: Paul Bödeker, Freiburg, Germany

Font: Noto Sans

ISBN: 9783739911557

CPSIA information can be obtained
at www.ICGtesting.com
Printed in the USA
LVHW070729040423
743407LV00008B/203

9 783739 911557